VIVIAN TENORIO

2017

GRATITUDE JOURNAL

This journal belongs to:

_____

VIVIAN TENORIO

GRATITUDE JOURNAL:
magical moments should be remembered forever

BY VIVIAN TENORIO

JAV PUBLISHING

Copyright © 2016 VIVIAN TENORIO

All rights reserved. This book may not be reproduced in whole or in part, stored in a retrieval system, or transmitted in any form or by any means electronic, mechanical, or other without written permission from the publisher, except by a reviewer, who may quote brief passages in a review.

www.viviantenorio.com

Printed in the United Stated of America

ISBN-10: **1532841434**
ISBN-13: **978-1532841439**

"Acknowledging the good that you already have in your life is the foundation for all abundance." -Eckhart Tolle

DEDICATION

Juan & Iris
I love you

January 1, 2017

I am grateful for

I am grateful for

I am grateful for

I am grateful for

> "A proud man is seldom a grateful man, for he never thinks he gets as much as he deserves." -Henry Ward Beecher

January 2, 2017

I am grateful for

I am grateful for

I am grateful for

I am grateful for

January 3, 2017

"A simple grateful thought turned heavenwards is the most perfect prayer."
-Doris Lessing

I am grateful for

I am grateful for

I am grateful for

I am grateful for

January 4, 2017

I am grateful for

I am grateful for

I am grateful for

I am grateful for

January 5, 2017

I am grateful for

I am grateful for

I am grateful for

I am grateful for

> "A single grateful thought toward heaven is the most perfect prayer."
> -Gotthold Ephraim Lessing

January 6, 2017

I am grateful for

I am grateful for

I am grateful for

I am grateful for

January 7, 2017

I am grateful for

I am grateful for

I am grateful for

I am grateful for

January 8, 2017

"Be grateful for luck. Pay the thunder no mind - listen to the birds. And don't hate nobody." -Eubie Blake

I am grateful for

I am grateful for

I am grateful for

I am grateful for

January 9, 2017

I am grateful for

I am grateful for

I am grateful for

I am grateful for

January 10, 2017

I am grateful for

I am grateful for

I am grateful for

I am grateful for

January 11, 2017

I am grateful for

I am grateful for

I am grateful for

I am grateful for

January 12, 2017

I am grateful for

I am grateful for

I am grateful for

I am grateful for

2017 - GRATITUDE JOURNAL

January 13, 2017

I am grateful for

I am grateful for

I am grateful for

I am grateful for

January 14, 2017

I am grateful for

I am grateful for

I am grateful for

I am grateful for

"Find the good and praise it." -Alex Haley

January 15, 2017

I am grateful for

I am grateful for

I am grateful for

I am grateful for

January 16, 2017

I am grateful for

I am grateful for

I am grateful for

I am grateful for

2017 - GRATITUDE JOURNAL

January 17, 2017

I am grateful for

I am grateful for

I am grateful for

I am grateful for

January 18, 2017

I am grateful for

I am grateful for

I am grateful for

I am grateful for

January 19, 2017

"Be grateful for the home you have, knowing that at this moment, all you have is all you need." -Sarah Ban Breathnach

I am grateful for

I am grateful for

I am grateful for

I am grateful for

January 20, 2017

I am grateful for

I am grateful for

I am grateful for

I am grateful for

January 21, 2017

I am grateful for

I am grateful for

I am grateful for

I am grateful for

January 22, 2017

I am grateful for

I am grateful for

I am grateful for

I am grateful for

January 23, 2017

I am grateful for

I am grateful for

I am grateful for

I am grateful for

January 24, 2017

I am grateful for

I am grateful for

I am grateful for

I am grateful for

January 25, 2017

I am grateful for

I am grateful for

I am grateful for

I am grateful for

January 26, 2017

I am grateful for

I am grateful for

I am grateful for

I am grateful for

"Happiness is itself a kind of gratitude." -Joseph Wood Krutch

January 27, 2017

I am grateful for

I am grateful for

I am grateful for

I am grateful for

January 28, 2017

I am grateful for

I am grateful for

I am grateful for

I am grateful for

January 29, 2017

I am grateful for

I am grateful for

I am grateful for

I am grateful for

January 30, 2017

I am grateful for

I am grateful for

I am grateful for

I am grateful for

January 31, 2017

I am grateful for

I am grateful for

I am grateful for

I am grateful for

February 1, 2017

I am grateful for

I am grateful for

I am grateful for

I am grateful for

February 2, 2017

I am grateful for

I am grateful for

I am grateful for

I am grateful for

February 3, 2017

"Believing: it means believing in our own lies. And I can say that I am grateful that I got this lesson very early." -Gunther Grass

I am grateful for

I am grateful for

I am grateful for

I am grateful for

February 4, 2017

I am grateful for

I am grateful for

I am grateful for

I am grateful for

February 5, 2017

I am grateful for

I am grateful for

I am grateful for

I am grateful for

February 6, 2017

I am grateful for

I am grateful for

I am grateful for

I am grateful for

February 7, 2017

I am grateful for

I am grateful for

I am grateful for

I am grateful for

February 8, 2017

I am grateful for

I am grateful for

I am grateful for

I am grateful for

February 9, 2017

I am grateful for

I am grateful for

I am grateful for

I am grateful for

February 10, 2017

I am grateful for

I am grateful for

I am grateful for

I am grateful for

February 11, 2017

I am grateful for

I am grateful for

I am grateful for

I am grateful for

"Choosing to be positive and having a grateful attitude is going to determine how you're going to live your life." -Joel Osteen

February 12, 2017

I am grateful for

I am grateful for

I am grateful for

I am grateful for

February 13, 2017

I am grateful for

I am grateful for

I am grateful for

I am grateful for

February 14, 2017

I am grateful for

I am grateful for

I am grateful for

I am grateful for

February 15, 2017

I am grateful for

I am grateful for

I am grateful for

I am grateful for

February 16, 2017

I am grateful for

I am grateful for

I am grateful for

I am grateful for

February 17, 2017

I am grateful for

I am grateful for

I am grateful for

I am grateful for

February 18, 2017

I am grateful for

I am grateful for

I am grateful for

I am grateful for

February 19, 2017
I am grateful for

I am grateful for

I am grateful for

I am grateful for

February 20, 2017

I am grateful for

I am grateful for

I am grateful for

I am grateful for

February 21, 2017

I am grateful for

I am grateful for

I am grateful for

I am grateful for

February 22, 2017

I am grateful for

I am grateful for

I am grateful for

I am grateful for

February 23, 2017

I am grateful for

I am grateful for

I am grateful for

I am grateful for

February 24, 2017

"Courtesies of a small and trivial character are the ones which strike deepest in the grateful and appreciating heart." -Henry Clay

I am grateful for

I am grateful for

I am grateful for

I am grateful for

February 25, 2017

I am grateful for

I am grateful for

I am grateful for

I am grateful for

February 26, 2017

I am grateful for

I am grateful for

I am grateful for

I am grateful for

February 27, 2017

I am grateful for

I am grateful for

I am grateful for

I am grateful for

February 28, 2017

I am grateful for

I am grateful for

I am grateful for

I am grateful for

March 1, 2017

I am grateful for

I am grateful for

I am grateful for

I am grateful for

March 2, 2017

I am grateful for

I am grateful for

I am grateful for

I am grateful for

March 3, 2017

I am grateful for

I am grateful for

I am grateful for

I am grateful for

"Dear Lord, I'm so grateful I'm still loved." -Vivien Leigh

March 4, 2017

I am grateful for

I am grateful for

I am grateful for

I am grateful for

March 5, 2017

I am grateful for

I am grateful for

I am grateful for

I am grateful for

March 6, 2017

I am grateful for

I am grateful for

I am grateful for

I am grateful for

March 7, 2017

I am grateful for

I am grateful for

I am grateful for

I am grateful for

March 8, 2017

I am grateful for

I am grateful for

I am grateful for

I am grateful for

March 9, 2017

I am grateful for

I am grateful for

I am grateful for

I am grateful for

"Each day offers us the gift of being a special occasion if we can simply learn that as well as giving, it is blessed to receive with grace and a grateful heart."
-Sarah Ban Breathnach

March 10, 2017

I am grateful for

I am grateful for

I am grateful for

I am grateful for

March 11, 2017

I am grateful for

I am grateful for

I am grateful for

I am grateful for

March 12, 2017

I am grateful for

I am grateful for

I am grateful for

I am grateful for

March 13, 2017

I am grateful for

I am grateful for

I am grateful for

I am grateful for

2017 - GRATITUDE JOURNAL

March 14, 2017

I am grateful for

I am grateful for

I am grateful for

I am grateful for

March 15, 2017

> "Great indebtedness does not make men grateful, but vengeful; and if a little charity is not forgotten, it turns into a gnawing worm."
> -Friedrich Nietzsche

I am grateful for

I am grateful for

I am grateful for

I am grateful for

March 16, 2017

I am grateful for

I am grateful for

I am grateful for

I am grateful for

March 17, 2017

I am grateful for

I am grateful for

I am grateful for

I am grateful for

March 18, 2017

I am grateful for

I am grateful for

I am grateful for

I am grateful for

March 19, 2017

I am grateful for

I am grateful for

I am grateful for

I am grateful for

March 20, 2017

I am grateful for

I am grateful for

I am grateful for

I am grateful for

March 21, 2017

I am very grateful to God everyday that my eyes flutter open and I can jump out of that bed! -Jerry Reed

I am grateful for

I am grateful for

I am grateful for

I am grateful for

2017 - GRATITUDE JOURNAL

March 22, 2017

I am grateful for

I am grateful for

I am grateful for

I am grateful for

March 23, 2017

I am grateful for

I am grateful for

I am grateful for

I am grateful for

March 24, 2017

I am grateful for

I am grateful for

I am grateful for

I am grateful for

March 25, 2017

I am grateful for

I am grateful for

I am grateful for

I am grateful for

March 26, 2017

"Gratitude is riches. Complaint is poverty." -Doris Day

I am grateful for

I am grateful for

I am grateful for

I am grateful for

March 27, 2017

I am grateful for

I am grateful for

I am grateful for

I am grateful for

March 28, 2017

I am grateful for

I am grateful for

I am grateful for

I am grateful for

March 29, 2017

I am grateful for

I am grateful for

I am grateful for

I am grateful for

March 30, 2017

I am grateful for

I am grateful for

I am grateful for

I am grateful for

March 31, 2017

I am grateful for Leah making me laugh with her dancing.

I am grateful for Janet not disliking me anymore and having fun with me on the rep challenges.

I am grateful for

I am grateful for

April 1, 2017

I am grateful for meeting such a supportive person like Helen.

I am grateful for Having a mother figure on camp like Rose

I am grateful for James compliments on how good I look. and showing me what a chapion looks like.

I am grateful for Ben encourging me helping me believe I can get through the tough days of camp.

April 2, 2017

I am grateful for Being wealthy.

I am grateful for Bootcamp's motivation

I am grateful for My parents raising me to their best ability

I am grateful for Having caring, helpful friends in my life.

April 3, 2017

I am grateful for Having 3 meals a day.

I am grateful for Having a loving and supporting family.

I am grateful for The young lady I am today.

I am grateful for Having a body that Humans are supposed to have.

"In daily life we must see that it is not happiness that makes us grateful, but gratefulness that makes us happy." -Brother David Steindl-Rast

April 4, 2017

I am grateful for

I am grateful for

I am grateful for

I am grateful for

April 5, 2017

I am grateful for

I am grateful for

I am grateful for

I am grateful for

April 6, 2017

I am grateful for

I am grateful for

I am grateful for

I am grateful for

April 7, 2017

I am grateful for

I am grateful for

I am grateful for

I am grateful for

April 8, 2017

I am grateful for

I am grateful for

I am grateful for

I am grateful for

April 9, 2017

I am grateful for

I am grateful for

I am grateful for

I am grateful for

April 10, 2017

I am grateful for

I am grateful for

I am grateful for

I am grateful for

"Happiness cannot be traveled to, owned, earned, worn or consumed. Happiness is the spiritual experience of living every minute with love, grace, and gratitude."   -Denis Waitley

April 11, 2017

I am grateful for

I am grateful for

I am grateful for

I am grateful for

April 12, 2017

I am grateful for

I am grateful for

I am grateful for

I am grateful for

April 13, 2017

I am grateful for

I am grateful for

I am grateful for

I am grateful for

April 14, 2017

I am grateful for

I am grateful for

I am grateful for

I am grateful for

2017 - GRATITUDE JOURNAL

April 15, 2017

I am grateful for

I am grateful for

I am grateful for

I am grateful for

April 16, 2017

I am grateful for

I am grateful for

I am grateful for

I am grateful for

April 17, 2017

I am grateful for

I am grateful for

I am grateful for

I am grateful for

April 18, 2017

I am grateful for

I am grateful for

I am grateful for

I am grateful for

2017 - GRATITUDE JOURNAL

> "There is always, always, always something to be thankful for."
> -Author Unknown

April 19, 2017

I am grateful for

I am grateful for

I am grateful for

I am grateful for

April 20, 2017

I am grateful for

I am grateful for

I am grateful for

I am grateful for

April 21, 2017

I am grateful for

I am grateful for

I am grateful for

I am grateful for

April 22, 2017

I am grateful for

I am grateful for

I am grateful for

I am grateful for

April 23, 2017

I am grateful for

I am grateful for

I am grateful for

I am grateful for

April 24, 2017

I am grateful for

I am grateful for

I am grateful for

I am grateful for

April 25, 2017

I am grateful for

I am grateful for

I am grateful for

I am grateful for

April 26, 2017

I am grateful for

I am grateful for

I am grateful for

I am grateful for

April 27, 2017

I am grateful for

I am grateful for

I am grateful for

I am grateful for

April 28, 2017

"Let us serve the world soulfully. The pay we will receive for our service will be in the currency of gratitude. God's gratitude." -Sri Chinmoy

I am grateful for

I am grateful for

I am grateful for

I am grateful for

April 29, 2017

I am grateful for

I am grateful for

I am grateful for

I am grateful for

April 30, 2017

I am grateful for

I am grateful for

I am grateful for

I am grateful for

2017 - GRATITUDE JOURNAL

May 1, 2017

I am grateful for

I am grateful for

I am grateful for

I am grateful for

May 2, 2017

I am grateful for

I am grateful for

I am grateful for

I am grateful for

May 3, 2017

I am grateful for

I am grateful for

I am grateful for

I am grateful for

May 4, 2017

I am grateful for

I am grateful for

I am grateful for

I am grateful for

May 5, 2017

I am grateful for

I am grateful for

I am grateful for

I am grateful for

> He who knows that enough is enough will always have enough.
> -Lao Tzu

May 6, 2017

I am grateful for

I am grateful for

I am grateful for

I am grateful for

May 7, 2017

I am grateful for

I am grateful for

I am grateful for

I am grateful for

May 8, 2017

I am grateful for

I am grateful for

I am grateful for

I am grateful for

2017 - GRATITUDE JOURNAL

May 9, 2017

I am grateful for

I am grateful for

I am grateful for

I am grateful for

May 10, 2017

I am grateful for

I am grateful for

I am grateful for

I am grateful for

"No one is useless in this world who lightens the burden of another."
- Charles Dickens

May 11, 2017

I am grateful for

I am grateful for

I am grateful for

I am grateful for

May 12, 2017

I am grateful for

I am grateful for

I am grateful for

I am grateful for

May 13, 2017

I am grateful for

I am grateful for

I am grateful for

I am grateful for

May 14, 2017

I am grateful for

I am grateful for

I am grateful for

I am grateful for

May 15, 2017

I am grateful for

I am grateful for

I am grateful for

I am grateful for

May 16, 2017

I am grateful for

I am grateful for

I am grateful for

I am grateful for

May 17, 2017

I am grateful for

I am grateful for

I am grateful for

I am grateful for

May 18, 2017

"We should all be thankful for those people who rekindle the inner spirit."
-Albert Schweitzer

I am grateful for

I am grateful for

I am grateful for

I am grateful for

May 19, 2017

I am grateful for

I am grateful for

I am grateful for

I am grateful for

May 20, 2017

I am grateful for

I am grateful for

I am grateful for

I am grateful for

May 21, 2017

I am grateful for

I am grateful for

I am grateful for

I am grateful for

May 22, 2017

I am grateful for

I am grateful for

I am grateful for

I am grateful for

May 23, 2017

I am grateful for

I am grateful for

I am grateful for

I am grateful for

May 24, 2017

I am grateful for

I am grateful for

I am grateful for

I am grateful for

2017 - GRATITUDE JOURNAL

May 25, 2017

I am grateful for

I am grateful for

I am grateful for

I am grateful for

May 26, 2017

I am grateful for

I am grateful for

I am grateful for

I am grateful for

May 27, 2017

I am grateful for

I am grateful for

I am grateful for

I am grateful for

May 28, 2017

I am grateful for

I am grateful for

I am grateful for

I am grateful for

"Some people are always grumbling because roses have thorns;
I am thankful that thorns have roses." -Alphonse Karr

May 29, 2017

I am grateful for

I am grateful for

I am grateful for

I am grateful for

May 30, 2017

I am grateful for

I am grateful for

I am grateful for

I am grateful for

May 31, 2017

I am grateful for

I am grateful for

I am grateful for

I am grateful for

June 1, 2017

I am grateful for

I am grateful for

I am grateful for

I am grateful for

June 2, 2017

I am grateful for

I am grateful for

I am grateful for

I am grateful for

June 3, 2017

I am grateful for

I am grateful for

I am grateful for

I am grateful for

June 4, 2017

I am grateful for

I am grateful for

I am grateful for

I am grateful for

June 5, 2017

I am grateful for

I am grateful for

I am grateful for

I am grateful for

June 6, 2017

I am grateful for

I am grateful for

I am grateful for

I am grateful for

June 7, 2017

I am grateful for

I am grateful for

I am grateful for

I am grateful for

June 8, 2017

I am grateful for

I am grateful for

I am grateful for

I am grateful for

June 9, 2017

"If you haven't all the things you want, be grateful for the things you don't have that you wouldn't want." -Unknown

I am grateful for

I am grateful for

I am grateful for

I am grateful for

June 10, 2017

I am grateful for

I am grateful for

I am grateful for

I am grateful for

June 11, 2017

I am grateful for

I am grateful for

I am grateful for

I am grateful for

June 12, 2017

I am grateful for

I am grateful for

I am grateful for

I am grateful for

June 13, 2017

I am grateful for

I am grateful for

I am grateful for

I am grateful for

June 14, 2017

I am grateful for

I am grateful for

I am grateful for

I am grateful for

June 15, 2017

I am grateful for

I am grateful for

I am grateful for

I am grateful for

June 16, 2017

I am grateful for

I am grateful for

I am grateful for

I am grateful for

June 17, 2017

I am grateful for

I am grateful for

I am grateful for

I am grateful for

June 18, 2017

I am grateful for

I am grateful for

I am grateful for

I am grateful for

June 19, 2017

I am grateful for

I am grateful for

I am grateful for

I am grateful for

June 20, 2017

I am grateful for

I am grateful for

I am grateful for

I am grateful for

"A noble person is mindful and thankful for the favor she receives from others." -Buddha

June 21, 2017

I am grateful for

I am grateful for

I am grateful for

I am grateful for

June 22, 2017

I am grateful for

I am grateful for

I am grateful for

I am grateful for

June 23, 2017

I am grateful for

I am grateful for

I am grateful for

I am grateful for

June 24, 2017

I am grateful for

I am grateful for

I am grateful for

I am grateful for

June 25, 2017

I am grateful for

I am grateful for

I am grateful for

I am grateful for

June 26, 2017

I am grateful for

I am grateful for

I am grateful for

I am grateful for

June 27, 2017

I am grateful for

I am grateful for

I am grateful for

I am grateful for

"You won't be happy with more until you're happy with what you've got."
-Viki King

June 28, 2017

I am grateful for

I am grateful for

I am grateful for

I am grateful for

June 29, 2017

I am grateful for

I am grateful for

I am grateful for

I am grateful for

June 30, 2017

I am grateful for

I am grateful for

I am grateful for

I am grateful for

July 1, 2017

I am grateful for

I am grateful for

I am grateful for

I am grateful for

July 2, 2017

I am grateful for

I am grateful for

I am grateful for

I am grateful for

July 3, 2017

I am grateful for

I am grateful for

I am grateful for

I am grateful for

July 4, 2017

I am grateful for

I am grateful for

I am grateful for

I am grateful for

July 5, 2017

I am grateful for

I am grateful for

I am grateful for

I am grateful for

July 6, 2017

I am grateful for

I am grateful for

I am grateful for

I am grateful for

July 7, 2017

I am grateful for

I am grateful for

I am grateful for

I am grateful for

July 8, 2017

I am grateful for

I am grateful for

I am grateful for

I am grateful for

> "Gratitude is something of which none of us can give too much. For on the smiles, the thanks we give, our little gestures of appreciation, our neighbors build their philosophy of life."
> - A. J. Cronin

July 9, 2017

I am grateful for

I am grateful for

I am grateful for

I am grateful for

July 10, 2017

I am grateful for

I am grateful for

I am grateful for

I am grateful for

July 11, 2017

I am grateful for

I am grateful for

I am grateful for

I am grateful for

July 12, 2017

I am grateful for

I am grateful for

I am grateful for

I am grateful for

July 13, 2017

I am grateful for

I am grateful for

I am grateful for

I am grateful for

July 14, 2017

I am grateful for

I am grateful for

I am grateful for

I am grateful for

July 15, 2017

I am grateful for

I am grateful for

I am grateful for

I am grateful for

July 16, 2017

I am grateful for

I am grateful for

I am grateful for

I am grateful for

July 17, 2017

I am grateful for

I am grateful for

I am grateful for

I am grateful for

July 18, 2017

I am grateful for

I am grateful for

I am grateful for

I am grateful for

July 19, 2017

I am grateful for

I am grateful for

I am grateful for

I am grateful for

July 20, 2017

I am grateful for

I am grateful for

I am grateful for

I am grateful for

July 21, 2017

I am grateful for

I am grateful for

I am grateful for

I am grateful for

July 22, 2017

I am grateful for

I am grateful for

I am grateful for

I am grateful for

July 23, 2017

I am grateful for

I am grateful for

I am grateful for

I am grateful for

July 24, 2017

"People who live the most fulfilling lives are the ones who are always rejoicing at what they have." -Richard Carlson, PhD

I am grateful for

I am grateful for

I am grateful for

I am grateful for

July 25, 2017

I am grateful for

I am grateful for

I am grateful for

I am grateful for

July 26, 2017

I am grateful for

I am grateful for

I am grateful for

I am grateful for

July 27, 2017

I am grateful for

I am grateful for

I am grateful for

I am grateful for

July 28, 2017

I am grateful for

I am grateful for

I am grateful for

I am grateful for

July 29, 2017

I am grateful for

I am grateful for

I am grateful for

I am grateful for

July 30, 2017

I am grateful for

I am grateful for

I am grateful for

I am grateful for

July 31, 2017

I am grateful for

I am grateful for

I am grateful for

I am grateful for

2017 - GRATITUDE JOURNAL

August 1, 2017

I am grateful for

I am grateful for

I am grateful for

I am grateful for

August 2, 2017

I am grateful for

I am grateful for

I am grateful for

I am grateful for

August 3, 2017

I am grateful for

I am grateful for

I am grateful for

I am grateful for

August 4, 2017

I am grateful for

I am grateful for

I am grateful for

I am grateful for

2017 - GRATITUDE JOURNAL

August 5, 2017

I am grateful for

I am grateful for

I am grateful for

I am grateful for

August 6, 2017

I am grateful for

I am grateful for

I am grateful for

I am grateful for

August 7, 2017

I am grateful for

I am grateful for

I am grateful for

I am grateful for

August 8, 2017

I am grateful for

I am grateful for

I am grateful for

I am grateful for

August 9, 2017

I am grateful for

I am grateful for

I am grateful for

I am grateful for

August 10, 2017

I am grateful for

I am grateful for

I am grateful for

I am grateful for

August 11, 2017

I am grateful for

I am grateful for

I am grateful for

I am grateful for

"The single greatest thing you can do to change your life today would be to start being grateful for what you have right now." -Oprah Winfrey

August 12, 2017

I am grateful for

I am grateful for

I am grateful for

I am grateful for

August 13, 2017

I am grateful for

I am grateful for

I am grateful for

I am grateful for

August 14, 2017

I am grateful for

I am grateful for

I am grateful for

I am grateful for

August 15, 2017

I am grateful for

I am grateful for

I am grateful for

I am grateful for

August 16, 2017

I am grateful for

I am grateful for

I am grateful for

I am grateful for

2017 - GRATITUDE JOURNAL

August 17, 2017

I am grateful for

I am grateful for

I am grateful for

I am grateful for

August 18, 2017

I am grateful for

I am grateful for

I am grateful for

I am grateful for

August 19, 2017

I am grateful for

I am grateful for

I am grateful for

I am grateful for

August 20, 2017

I am grateful for

I am grateful for

I am grateful for

I am grateful for

August 21, 2017

I am grateful for

I am grateful for

I am grateful for

I am grateful for

August 22, 2017

I am grateful for

I am grateful for

I am grateful for

I am grateful for

"Things turn out best for people who make the best of the way things turn out." -John Wooden

August 23, 2017

I am grateful for

I am grateful for

I am grateful for

I am grateful for

August 24, 2017

I am grateful for

I am grateful for

I am grateful for

I am grateful for

August 25, 2017

I am grateful for

I am grateful for

I am grateful for

I am grateful for

August 26, 2017

I am grateful for

I am grateful for

I am grateful for

I am grateful for

August 27, 2017
I am grateful for

I am grateful for

I am grateful for

I am grateful for

August 28, 2017
I am grateful for

I am grateful for

I am grateful for

I am grateful for

August 29, 2017

I am grateful for

I am grateful for

I am grateful for

I am grateful for

August 30, 2017

I am grateful for

I am grateful for

I am grateful for

I am grateful for

August 31, 2017

I am grateful for

I am grateful for

I am grateful for

I am grateful for

September 1, 2017

I am grateful for

I am grateful for

I am grateful for

I am grateful for

September 2, 2017

I am grateful for

I am grateful for

I am grateful for

I am grateful for

"It is impossible to feel grateful and depressed in the same moment."
-Naomi Williams

September 3, 2017

I am grateful for

I am grateful for

I am grateful for

I am grateful for

September 4, 2017

I am grateful for

I am grateful for

I am grateful for

I am grateful for

September 5, 2017

I am grateful for

I am grateful for

I am grateful for

I am grateful for

September 6, 2017

I am grateful for

I am grateful for

I am grateful for

I am grateful for

September 7, 2017

I am grateful for

I am grateful for

I am grateful for

I am grateful for

September 8, 2017
I am grateful for

I am grateful for

I am grateful for

I am grateful for

September 9, 2017
I am grateful for

I am grateful for

I am grateful for

I am grateful for

September 10, 2017

I am grateful for

I am grateful for

I am grateful for

I am grateful for

September 11, 2017

I am grateful for

I am grateful for

I am grateful for

I am grateful for

September 12, 2017

I am grateful for

I am grateful for

I am grateful for

I am grateful for

September 13, 2017

I am grateful for

I am grateful for

I am grateful for

I am grateful for

September 14, 2017

I am grateful for

I am grateful for

I am grateful for

I am grateful for

September 15, 2017

I am grateful for

I am grateful for

I am grateful for

I am grateful for

September 16, 2017

I am grateful for

I am grateful for

I am grateful for

I am grateful for

September 17, 2017

I am grateful for

I am grateful for

I am grateful for

I am grateful for

September 18, 2017

I am grateful for

I am grateful for

I am grateful for

I am grateful for

September 19, 2017

"Be the change you wish to see in the world." -Gandhi

I am grateful for

I am grateful for

I am grateful for

I am grateful for

September 20, 2017

I am grateful for

I am grateful for

I am grateful for

I am grateful for

September 21, 2017

I am grateful for

I am grateful for

I am grateful for

I am grateful for

2017 - GRATITUDE JOURNAL

September 22, 2017

I am grateful for

I am grateful for

I am grateful for

I am grateful for

September 23, 2017

I am grateful for

I am grateful for

I am grateful for

I am grateful for

September 24, 2017

I am grateful for

I am grateful for

I am grateful for

I am grateful for

September 25, 2017

I am grateful for

I am grateful for

I am grateful for

I am grateful for

September 26, 2017

I am grateful for

I am grateful for

I am grateful for

I am grateful for

September 27, 2017

I am grateful for

I am grateful for

I am grateful for

I am grateful for

September 28, 2017

I am grateful for

I am grateful for

I am grateful for

I am grateful for

September 29, 2017

I am grateful for

I am grateful for

I am grateful for

I am grateful for

September 30, 2017

I am grateful for

I am grateful for

I am grateful for

I am grateful for

October 1, 2017

I am grateful for

I am grateful for

I am grateful for

I am grateful for

October 2, 2017

> "To be happy at home is the ultimate result of all ambition."
> - Samuel Johnson

I am grateful for

I am grateful for

I am grateful for

I am grateful for

October 3, 2017

I am grateful for

I am grateful for

I am grateful for

I am grateful for

October 4, 2017

I am grateful for

I am grateful for

I am grateful for

I am grateful for

October 5, 2017

I am grateful for

I am grateful for

I am grateful for

I am grateful for

October 6, 2017

I am grateful for

I am grateful for

I am grateful for

I am grateful for

October 7, 2017

I am grateful for

I am grateful for

I am grateful for

I am grateful for

October 8, 2017

I am grateful for

I am grateful for

I am grateful for

I am grateful for

October 9, 2017

I am grateful for

I am grateful for

I am grateful for

I am grateful for

October 10, 2017

I am grateful for

I am grateful for

I am grateful for

I am grateful for

October 11, 2017

I am grateful for

I am grateful for

I am grateful for

I am grateful for

October 12, 2017

I am grateful for

I am grateful for

I am grateful for

I am grateful for

October 13, 2017

I am grateful for

I am grateful for

I am grateful for

I am grateful for

October 14, 2017

I am grateful for

I am grateful for

I am grateful for

I am grateful for

October 15, 2017

I am grateful for

I am grateful for

I am grateful for

I am grateful for

2017 - GRATITUDE JOURNAL

"There is a calmness to a life lived in Gratitude, a quiet joy."
-Ralph H. Blum

October 16, 2017

I am grateful for

I am grateful for

I am grateful for

I am grateful for

October 17, 2017

I am grateful for

I am grateful for

I am grateful for

I am grateful for

October 18, 2017

I am grateful for

I am grateful for

I am grateful for

I am grateful for

October 19, 2017

I am grateful for

I am grateful for

I am grateful for

I am grateful for

October 20, 2017

I am grateful for

I am grateful for

I am grateful for

I am grateful for

October 21, 2017

I am grateful for

I am grateful for

I am grateful for

I am grateful for

October 22, 2017

I am grateful for

I am grateful for

I am grateful for

I am grateful for

October 23, 2017

I am grateful for

I am grateful for

I am grateful for

I am grateful for

October 24, 2017

I am grateful for

I am grateful for

I am grateful for

I am grateful for

October 25, 2017

I am grateful for

I am grateful for

I am grateful for

I am grateful for

October 26, 2017

I am grateful for

I am grateful for

I am grateful for

I am grateful for

October 27, 2017

I am grateful for

I am grateful for

I am grateful for

I am grateful for

October 28, 2017

I am grateful for

I am grateful for

I am grateful for

I am grateful for

October 29, 2017

I am grateful for

I am grateful for

I am grateful for

I am grateful for

October 30, 2017

I am grateful for

I am grateful for

I am grateful for

I am grateful for

October 31, 2017

I am grateful for

I am grateful for

I am grateful for

I am grateful for

November 1, 2017

I am grateful for

I am grateful for

I am grateful for

I am grateful for

November 2, 2017

I am grateful for

I am grateful for

I am grateful for

I am grateful for

November 3, 2017

I am grateful for

I am grateful for

I am grateful for

I am grateful for

November 4, 2017

I am grateful for

I am grateful for

I am grateful for

I am grateful for

November 5, 2017

I am grateful for

I am grateful for

I am grateful for

I am grateful for

November 6, 2017

"Live all you can. It's a mistake not to. It doesn't much matter what you do in particular, so much as you LIVE while you're doing it."
-Henry James

I am grateful for

I am grateful for

I am grateful for

I am grateful for

November 7, 2017

I am grateful for

I am grateful for

I am grateful for

I am grateful for

November 8, 2017

I am grateful for

I am grateful for

I am grateful for

I am grateful for

November 9, 2017

I am grateful for

I am grateful for

I am grateful for

I am grateful for

November 10, 2017

I am grateful for

I am grateful for

I am grateful for

I am grateful for

November 11, 2017

I am grateful for

I am grateful for

I am grateful for

I am grateful for

November 12, 2017

I am grateful for

I am grateful for

I am grateful for boqjh

I am grateful for bodr

November 13, 2017

I am grateful for

I am grateful for

I am grateful for

I am grateful for

November 14, 2017

I am grateful for

I am grateful for

I am grateful for

I am grateful for

November 15, 2017

I am grateful for

I am grateful for

I am grateful for

I am grateful for

November 16, 2017

I am grateful for

I am grateful for

I am grateful for

I am grateful for

November 17, 2017

I am grateful for

I am grateful for

I am grateful for

I am grateful for

November 18, 2017

I am grateful for

I am grateful for

I am grateful for

I am grateful for

November 19, 2017

I am grateful for

I am grateful for

I am grateful for

I am grateful for

"We live in deeds, not years; in thoughts, not figures on a dial. We should count time by heart-throbs. He most lives who thinks most, feels the noblest, acts the best." -Phillip James Bailey

November 20, 2017

I am grateful for

I am grateful for

I am grateful for

I am grateful for

November 21, 2017

I am grateful for

I am grateful for

I am grateful for

I am grateful for

November 22, 2017

I am grateful for

I am grateful for

I am grateful for

I am grateful for

November 23, 2017

I am grateful for

I am grateful for

I am grateful for

I am grateful for

November 24, 2017

I am grateful for

I am grateful for

I am grateful for

I am grateful for

2017 - GRATITUDE JOURNAL

November 25, 2017

I am grateful for

I am grateful for

I am grateful for

I am grateful for

November 26, 2017

I am grateful for

I am grateful for

I am grateful for

I am grateful for

November 27, 2017

I am grateful for

I am grateful for

I am grateful for

I am grateful for

November 28, 2017

I am grateful for

I am grateful for

I am grateful for

I am grateful for

2017 - GRATITUDE JOURNAL

November 29, 2017

I am grateful for

I am grateful for

I am grateful for

I am grateful for

November 30, 2017

I am grateful for

I am grateful for

I am grateful for

I am grateful for

December 1, 2017

I am grateful for

I am grateful for

I am grateful for

I am grateful for

December 2, 2017

I am grateful for

I am grateful for

I am grateful for

I am grateful for

December 3, 2017

I am grateful for

I am grateful for

I am grateful for

I am grateful for

December 4, 2017

I am grateful for

I am grateful for

I am grateful for

I am grateful for

December 5, 2017

I am grateful for

I am grateful for

I am grateful for

I am grateful for

December 6, 2017

I am grateful for

I am grateful for

I am grateful for

I am grateful for

December 7, 2017

I am grateful for

I am grateful for

I am grateful for

I am grateful for

December 8, 2017

I am grateful for

I am grateful for

I am grateful for

I am grateful for

> "Appreciation can make a day, even change a life. Your willingness to put it into words is all that is necessary." -Margaret Cousins

December 9, 2017

I am grateful for

I am grateful for

I am grateful for

I am grateful for

December 10, 2017

I am grateful for

I am grateful for

I am grateful for

I am grateful for

December 11, 2017

I am grateful for

I am grateful for

I am grateful for

I am grateful for

December 12, 2017

I am grateful for

I am grateful for

I am grateful for

I am grateful for

December 13, 2017

I am grateful for

I am grateful for

I am grateful for

I am grateful for

December 14, 2017

I am grateful for

I am grateful for

I am grateful for

I am grateful for

December 15, 2017

I am grateful for

I am grateful for

I am grateful for

I am grateful for

December 16, 2017

I am grateful for

I am grateful for

I am grateful for

I am grateful for

December 17, 2017

I am grateful for

I am grateful for

I am grateful for

I am grateful for

December 18, 2017

I am grateful for

I am grateful for

I am grateful for

I am grateful for

December 19, 2017

I am grateful for

I am grateful for

I am grateful for

I am grateful for

December 20, 2017

I am grateful for

I am grateful for

I am grateful for

I am grateful for

December 21, 2017

I am grateful for

I am grateful for

I am grateful for

I am grateful for

December 22, 2017

I am grateful for

I am grateful for

I am grateful for

I am grateful for

December 23, 2017

I am grateful for

I am grateful for

I am grateful for

I am grateful for

December 24, 2017

I am grateful for

I am grateful for

I am grateful for

I am grateful for

"To love for the sake of being loved is human, But to love for the sake of loving is angelic." -Alphonse De Lamartine

December 25, 2017

I am grateful for

I am grateful for

I am grateful for

I am grateful for

December 26, 2017

I am grateful for

I am grateful for

I am grateful for

I am grateful for

December 27, 2017

I am grateful for

I am grateful for

I am grateful for

I am grateful for

December 28, 2017

I am grateful for

I am grateful for

I am grateful for

I am grateful for

December 29, 2017

I am grateful for

I am grateful for

I am grateful for

I am grateful for

December 30, 2017

I am grateful for

I am grateful for

I am grateful for

I am grateful for

December 31, 2017

I am grateful for

I am grateful for

I am grateful for

I am grateful for

"Your thoughts and beliefs of the past have created this moment, and all the moments up to this moment. What you are now choosing to believe and think and say will create the next moment and the next day and the next month and the next year." -Louise Hay

2017 - GRATITUDE JOURNAL

BEST MOMENTS OF 2017

GOALS FOR 2018

NOTES

NOTES

OTHER BOOKS BY VIVIAN TENORIO:

Pink Slip to Product Launch in a Weak Economy

Pregnancy Journal: heartwarming memories

High School Journal: 4-year journal of my high school years

Wisdom Journal: wisdom worth passing on

Dating Journal: remember why you fell in love

2012 - 2020 Gratitude Journal: magical moments should be remembered forever

2012 - 2020 Dream Journal: remember your dreams forever

IN SPANISH

Diario de Embarazo: tiernos recuerdos

2012 – 2020 Diario de Gratitud: los momentos mágicos deben ser recordados

2012 – 2020 Diario de Sueños: recuerde sus suenos para siempre

ABOUT THE AUTHOR

Vivian Tenorio is an entrepreneur, coach, author/speaker, and creator of a host of self-help journals, she is known as a tenacious, untiring entrepreneur..

Vivian also created a successful publishing company, and her inspirational journals are now helping thousands of people worldwide record their magical life's moments and helping teach kids and adults the importance of gratitude.

Visit Vivian's website for videos about her journals:
www.viviantenorio.com
www.YouTube.com/SecretLifeofVivian

Vivian Tenorio's story has been featured on: CBS The Talk - The Today Show - Good Morning America - Good Morning Texas - Maria Shiver's The Women's Conference - The Willis Report - WomenEntrepreneur.com - Fox Business News - Hybrid Mom - ABC News NOW - Tory Johnson's Spark & Hustle

Printed in Great Britain
by Amazon